NICO STANITZOK

HAPPY FITNESS BOWLS

FOTOGRAFIE: KATRIN WINNER, COCO LANG

INHALT

Öffnen Sie die Klappen dieses Buches.
Dort finden Sie die wichtigsten Infos zum Thema auf einen Blick!

DAS PRINZIP:
FITNESS-BOWL

DIE PERFEKTE
KOMBI

Immer griffbereit:

SO GEHT'S:
BAU DIR
DEINE BOWL!

Immer griffbereit:

MEAL-PREP
FÜRS BOWLING

GU CLOU

Wussten Sie schon, dass ...?
Entdecken Sie bei einigen ausgewählten Rezepten ganz besondere Tipps mit verblüffendem Insiderwissen. Aha-Momente garantiert!

Mit diesem Symbol sind alle vegetarischen Gerichte gekennzeichnet.

Die Backzeiten können je nach Herd variieren. Unsere Temperaturangaben beziehen sich auf das Backen im Elektroherd mit Ober- und Unterhitze.

Sammeln Ihrer Lieblingsrezepte mit der »GU Kochen Plus«-App (siehe S. 64)

REZEPTKAPITEL

NICO STANITZOK

Bowls sind aus der »gesunden« Küche einfach nicht mehr wegzudenken. Denn der Power-Mix aus frischen, möglichst schonend zubereiteten Zutaten versorgt nicht nur mit unterschiedlichsten Nährstoffen, sondern hat auch Augen und Gaumen einiges zu bieten – ein echtes Sch(l)üsselerlebnis!

Was macht eine gute Bowl aus?

Die gesunde Mischung der Nährstoffe. Zu einer ausgewogenen Bowl gehören zum Beispiel Kohlenhydrate aus Vollkornreis, Hirse, Quinoa oder Kartoffeln. Sie sorgen dafür, dass das Gehirn mit genügend Energie versorgt wird, um leistungsfähig zu bleiben. Eiweiß aus Tofu, Kichererbsen, Hülsenfrüchten oder Fleisch braucht es, um Muskeln und Nerven zu stärken. Jede Menge verschiedener Gemüsesorten, sowohl roh als auch gekocht, versorgen den Körper mit Vitaminen, Mineralstoffen und sekundären Pflanzenstoffen.

Warum sind Bowls so farbenfroh?

Auf den ersten Blick möchte man meinen: um den Augen zu schmeicheln. Schließlich essen die Augen mit! Vorrangig ist es aber so: Je mehr Farben auf dem Teller bzw. in der Bowl, desto mehr und desto unterschiedlichere Nährstoffe sind darin enthalten. Unterschiedliche Farben bedeuten verschiedene Zutaten mit jeweils anderen Inhaltsstoffen. Dadurch wird eine Bowl nicht nur optisch ausgesprochen ansprechend, sondern auch besonders wertvoll hinsichtlich der Nährstoffversorgung.

Brauche ich ein Rezept für Bowls?

Ja und Nein. Das hängt davon ab, wie erfahren man ist und wie kreativ man am Ende selbst sein möchte. Ich würde es auch eher eine allgemeine Formel als ein festes Rezept nennen. Das Schöne an Bowls ist, dass man verschiedene Zutaten austauschen kann, um entweder Abwechslung zu schaffen oder das zu verwenden, was man gerade zur Verfügung hat. Je öfter man seine eigenen Bowls macht, desto kreativer wird man. Das kommt von ganz allein.

BLITZSCHNELLE BOWL

240 g Parboiled-Reis in 500 ml Gemüsebrühe in ca. 10 Minuten weich garen.

1 Salatgurke und 2 Möhren schälen und grob raspeln.

Beides mit 3 EL Reisessig, 1 TL Salz und 2 TL Honig vermischen.

400 g Tofu in dünne Scheiben schneiden und ...

... mit 3 EL Sesamöl und 2 EL Sojasauce vermischen. In einer beschichteten Pfanne 8 Min. rundherum anbraten.

1 Bund Koriandergrün abbrausen, trocken schütteln und samt Stängeln grob hacken.

Den Reis mit etwas Brühe in Bowls anrichten. Gurke, Möhren und den gebratenen Tofu in Portionen auf den Reis setzen. Alles mit dem gehacktem Koriander bestreuen und servieren.

SÜSSE BOWLS

Für 4 Personen • 35 Min. Zubereitung • 12 Std. Einweichen • Pro Portion ca. 580 kcal, 13 g E, 23 g F, 80 g KH

SCHOKOLADIGE KOKOS-FRÜCHTE-BOWL

FRUCHTIG

200 g Sechskorn-Mischung
60 g Zartbitter-Schokolade
4 Mandarinen
2 Äpfel
400 g Kokosjoghurt
2 Bananen
2 EL Kokosöl
2 EL Honig

TIPP
Für die schnelle Bowl oder falls man das Einweichen mal vergessen hat, kann man statt der Sechskorn-Mischung einfach die gleiche Menge Haferflocken verwenden und diese nur 30 Min. in 300 ml Wasser quellen lassen.

1 Die Sechskorn-Mischung in einer Getreidemühle, dem Blitzhacker oder einer Kaffeemühle grob schroten. Getreideschrot in eine Schüssel geben und mit 300 ml Wasser verrühren. Die Schüssel abdecken und bei Raumtemperatur 12 Std. stehen lassen. Die Zartbitter-Schokolade grob raspeln.

2 Mandarinen schälen und in Segmente teilen. Die Äpfel waschen, vierteln und die Kerngehäuse entfernen. Einen Apfel fein reiben und unter das Frischkornmüsli rühren. Den anderen Apfel quer in dünne Scheiben schneiden. Das Frischkornmüsli auf Bowls verteilen. Jeweils 100 g Kokosjoghurt dazu geben.

3 Bananen schälen, quer halbieren und die Hälften waagerecht durchschneiden. Das Öl in einer beschichteten Pfanne erhitzen. Bananenstücke darin pro Seite ca. 2 Min. bei mittlerer Hitze braten. Den Honig dazugeben und durch Schwenken in der Pfanne verteilen. Die Bananen mit dem Honig glasieren.

4 Je zwei Bananenhälften in die Bowls geben und mit den Mandarinen, Apfelscheiben und Schokoraspeln garnieren.

Für 4 Personen • 25 Min. Zubereitung • Pro Portion ca. 375 kcal, 10 g E, 7 g F, 58 g KH

HIRSE-BOWL MIT APRIKOSEN

BALLASTSTOFFREICH

2 große Bananen
600 ml Hirsedrink (ersatzweise ungesüßter Mandeldrink)
4 EL Chia-Samen
½ TL gemahlene Vanille
100 g Weizenkleie
8 Datteln
8 Soft-Aprikosen
2 Scheiben Knäckebrot
50 g Haferflocken (nach Belieben zart oder kernig)

1 Bananen schälen und in Stücke schneiden. Diese mit Hirsedrink, Chia-Samen und Vanille im Mixer oder mit dem Pürierstab fein pürieren. Weizenkleie einrühren und den Mix auf Bowls verteilen.

2 Die Datteln längs aufschneiden, entsteinen und in kleine Würfel schneiden. Die Aprikosen gleichfalls klein würfeln. Das Knäckebrot in einen Gefrierbeutel geben. Mit einem Nudelholz über das Knäckebrot walzen, bis es in ca. 1 cm große Stücke zerbrochen ist.

3 Knäckebrotstücke und Haferflocken mittig in einem Streifen auf der Bowl verteilen. Aprikosen- und Dattelwürfel daneben anrichten.

Für 4 Personen • 30 Min. Zubereitung • 8 Std. Einweichen • Pro Portion ca. 620 kcal, 11 g E, 15 g F, 111 g KH

BUCHWEIZEN-MILCHREIS

GLUTENFREI

300 g Buchweizen
600 ml Reisdrink (ersatzweise ungesüßter Mandeldrink)
½ TL Zimtpulver
½ TL gemahlene Vanille
4 EL glutenfreie zarte Haferflocken
2 EL Honig
60 g gehackte Haselnusskerne
2 Äpfel
4 EL griechischer Sahnejoghurt (10 % Fett)
125 g Soft-Cranberrys

1 Buchweizen mindestens 8 Std. (über Nacht) in kaltem Wasser einweichen. Am nächsten Tag abgießen und mit Wasser abspülen.

2 Den Reisdrink zusammen mit den Buchweizenkörnern, Zimt und Vanille in einen Topf geben, verrühren und bei mittlerer Hitze zum Kochen bringen. Etwa 1 Min. kochen lassen, dann vom Herd nehmen, Haferflocken und Honig einrühren und abkühlen lassen.

3 Die gehackten Haselnusskerne in einer Pfanne goldbraun rösten, bis sie zu duften beginnen. Äpfel waschen, vierteln und die Kerngehäuse entfernen. Die Apfelviertel quer in dünne Scheiben schneiden.

4 Buchweizen-Milchreis in Bowls füllen und mit je 1 EL Sahnejoghurt garnieren. Apfelscheiben und Cranberrys darauf anrichten, alles mit den gerösteten Haselnusskernen bestreuen und servieren.

Für 4 Personen • 30 Min. Zubereitung • Pro Portion ca. 470 kcal, 14 g E, 17 g F, 63 g KH

PORRIDGE MIT SELBST GEMACHTEM REISDRINK

FRÜHLINGS-REZEPT

100 g Vollkorn-Reis
150 g kernige Haferflocken
Salz
400 g Erdbeeren
1 gelbe Mango (Asialaden)
4 Stängel Thai-Basilikum (ersatzweise frisches Basilikum)
100 g ungesalzene Pistazienkerne
2 EL Honig
3 TL Rosenwasser

1 Den Reis zusammen mit 400 ml Wasser in einen Topf geben, zum Kochen bringen und etwa 20 Min. abgedeckt bei kleiner Hitze köcheln lassen. Anschließend in einen Mixer umfüllen, mit 800 ml Wasser aufgießen und fein pürieren.

2 Reismilch durch ein feines Sieb in einen Topf abgießen. Die Haferflocken und 2 Prisen Salz dazugeben, alles aufkochen und zugedeckt bei kleiner Hitze ca. 10 Min. unter gelegentlichem Rühren köcheln. Anschließend den Topf von der Herdplatte ziehen und den Porridge ca. 10 Min. quellen lassen.

3 In der Zwischenzeit die Erdbeeren waschen, putzen und je nach Größe halbieren oder vierteln. Die Mango schälen, das Fruchtfleisch vom Stein und in ca. 1 cm große Würfel schneiden. Das Basilikum abbrausen, trocken schütteln und die Blätter abzupfen. Die Pistazienkerne grob hacken und in einer Pfanne ohne Fett rösten, bis sie zu duften beginnen.

4 Den Porridge mit Honig und Rosenwasser verrühren und auf vier Bowls verteilen. Die Erdbeeren und Mangowürfel in einem Streifen darauf anrichten, geröstete Pistazienkerne und Basilikumblätter darüberstreuen. Sofort servieren.

GU **CLOU**

Reisdrink passt mit seiner mild süßlichen Note besonders gut zum Porridge. Als pflanzliche Alternative zur Milch ist er überdies frei von Cholesterin. Mit selbst gemachtem Reisdrink stellt man sicher, dass keine unerwünschten Zusätze wie Zucker oder Geschmacksverstärker enthalten sind.

Für 4 Personen • 30 Min. Zubereitung • Pro Portion ca. 675 kcal, 16 g E, 20 g F, 107 g KH

GOLDENE-MILCH-BOWL

HERBSTLICH

800 ml Hirsedrink (ersatzweise ungesüßter Mandeldrink)
300 g Hirseflocken
4 TL gemahlene Kurkuma
2 TL Zimtpulver
1 TL gemahlener Ingwer
½ TL schwarzer Pfeffer (frisch gemahlen)
1 Msp. gemahlener Kardamom
1 Msp. frisch geriebene Muskatnuss
100 g Mandeln
400 g blaue kernlose Weintrauben
4 Kakis

1 Hirsedrink mit 200 g Flocken und den Gewürzen in einem Topf verrühren und aufkochen. Vom Herd nehmen und abkühlen lassen.

2 Inzwischen die Mandeln grob hacken und mit den restlichen Flocken (100 g) in einer Pfanne ohne Fett bei mittlerer Hitze goldbraun rösten. Die Trauben gründlich waschen und in feine Scheiben schneiden. Die Kakis waschen, halbieren und in dünne Spalten schneiden.

3 Hirsebrei in Bowls verteilen. Mit Trauben und Kakis belegen, den gerösteten Mandel-Flocken-Mix darüberstreuen. Sofort servieren.

Für 4 Personen • 25 Min. Zubereitung • 1 Std. Auftauen • Pro Portion ca. 520 kcal, 18 g E, 21 g F, 65 g KH

SMOOTHIE-BOWL MIT TOFU

LAKTOSEFREI

500 g TK-Himbeeren
500 g Seidentofu
2 EL Honig
100 g zarte Haferflocken
2 rote Drachenfrüchte (Pitahayas; ersatzweise 250 g Erdbeeren)
2 Bananen
4 EL Weizenkleie
4 EL Kokos-Chips
4 EL gehackte Pistazienkerne

1 Die TK-Himbeeren ca. 1 Std. auftauen lassen, dann zusammen mit dem Seidentofu in einen Mixer geben und fein pürieren. Honig und Haferflocken einrühren und den Smoothie auf Bowls verteilen.

2 Drachenfrüchte halbieren und das Fruchtfleisch mit einem Kugelausstecher aus der Schale heben. Fruchtfleischreste klein schneiden. Die Bananen schälen und schräg in dünne Scheiben schneiden.

3 Zum Servieren die Bananenscheiben kreisförmig in die Mitte auf den Smoothie legen. Mit je 1 EL Weizenkleie, Kokos-Chips und Pistazien garnieren. Drachenfruchtstücke darum herum anrichten.

Für 4 Personen • 35 Min. Zubereitung • Pro Portion ca. 720 kcal, 22 g E, 27 g F, 92 g KH

BANANEN-TOFU-BOWL MIT SOJACREME

LAKTOSEFREI

2 Grapefruits
1 Granatapfel
40 g Chia-Samen
3 große Bananen
400 g Tofu
400 g Sojacreme (ersatzweise Sojadrink)
200 g Buchweizenflocken (ersatzweise Haferflocken)
4 EL Honig

TAUSCH-TIPP
Wer auf Soja verzichten möchte und mit Laktose keine Probleme hat, kann statt Tofu und Sojacreme die gleiche Menge Joghurt (3,5 % Fett) verwenden.

1 Die Grapefruits mit einem scharfen Messer bis ins Fruchtfleisch schälen, sodass die weiße Haut komplett entfernt wird. Die Filets zwischen den Trennhäuten herausschneiden. Den Grapefruitsaft dabei auffangen und anderweitig verwenden.

2 Den Granatapfel halbieren. Die Hälften mit etwas Druck auf einer großen Zitruspresse auspressen, dabei die herausfallenden Kerne und den Saft auffangen. Die Granatapfelkerne von den anhaftenden weißen Häutchen befreien, beiseitestellen.

3 Die Chia-Samen in einer Pfanne ohne Fett in ca. 2 Min. bei mittlerer Hitze knusprig rösten. Die Bananen schälen. Eine Banane schräg in dünne Scheiben schneiden, diese auf einen Teller legen, mit einem zweiten Teller abdecken und beiseitestellen. Die restlichen Bananen in grobe Stücke schneiden.

4 Tofu unter fließendem Wasser kurz abspülen, danach in ca. 2 cm große Würfel schneiden. Bananenstücke, Tofuwürfel und Sojacreme im Mixer oder mit dem Pürierstab fein pürieren.

5 Den Smoothie auf Bowls verteilen und mit je 1 EL Granatapfelsaft verrühren. Die Granatapfelkerne, Bananenscheiben, Grapefruitfilets und Buchweizenflocken in Streifen darauf anrichten. Dann mit je 1 EL Honig beträufeln, mit den gerösteten Chia-Samen bestreuen und sofort servieren.

FLEISCH, GEFLÜGEL & FISCH

Für 4 Personen • 35 Min. Zubereitung • Pro Portion ca. 860 kcal, 38 g E, 58 g F, 54 g KH

BURRITO-BOWL

AUS MEXIKO

1 große rote Chilischote
3 EL Olivenöl
600 g Rinderhackfleisch
Salz
Pfeffer
2 TL gemahlener Kreuzkümmel
4 Tomaten
2 Dosen Mais (à 140 g Abtropfgewicht)
1 Avocado
1 Limette
200 g Schmand
4 Vollkorn-Tortillas (Weizenfladen)

GUT ZU WISSEN
Die großen roten Chilis aus dem Supermarkt werden auch Holland-Chilis genannt. Sie sind bedeutend milder als ihre kleineren Verwandten. Wer es scharf mag, verwendet stattdessen die roten Thai-Chilis.

1 Die Chilischote waschen, halbieren, Stielansatz, weiße Trennwände und Kerne entfernen. Die Hälften fein schneiden.

2 Das Olivenöl in einer weiten Pfanne erhitzen. Das Hackfleisch dazugeben, mit 1 TL Salz, ½ TL Pfeffer, Kreuzkümmel und der fein geschnittenen Chili würzen und bei mittlerer bis großer Hitze unter gelegentlichem Rühren krümelig braten.

3 Inzwischen den Backofen auf 200° vorheizen. Ein Backblech mit Backpapier belegen. Tomaten waschen, vom Stielansatz befreien und in ca. 1 cm große Würfel schneiden. Den Mais durch ein Sieb abgießen, kalt abspülen und abtropfen lassen.

4 Die Avocado halbieren, den Kern entfernen und das Fruchtfleisch mit einem Löffel aus der Schale lösen. Den Saft der Limette auspressen. Avocado, Limettensaft und Schmand in einen hohen Rührbecher geben und mit dem Pürierstab fein pürieren. Mit ½ Prise Salz und 3 Prisen Pfeffer würzen.

5 Die Weizenfladen aufrollen und die Rollen in ca. 2 cm breite Schnecken schneiden. Diese flach auf das vorbereitete Backblech legen und im Ofen in ca. 5 Min. knusprig aufbacken.

6 Hackfleisch, Tomaten und Mais nebeneinander in vier Bowls anrichten. Mit den knusprig gebackenen Tortilla-Schnecken und je 1 EL Avocadocreme garnieren. Die Burrito-Bowls sofort servieren und die restliche Creme dazureichen.

Für 4 Personen • 35 Min. Zubereitung • Pro Portion ca. 515 kcal, 31 g E, 17 g F, 58 g KH

BANH MI BOWL

AUS VIETNAM

100 ml Reisessig
50 g Zucker
600 g Möhren
600 g Rettich
1 Salatgurke
½ Bund Koriandergrün
4 EL Mayonnaise
Salz
Pfeffer
2 Hähnchenbrustfilets (à 200 g)
2 EL Rapsöl
1 frisches Baguette

TAUSCH-TIPP
Wie wäre es mit Rührei anstelle von Huhn? Banh Mi wird oft auch mit Rührei serviert, das mit reichlich Schnittlauch garniert ist. Verwenden Sie 2 Eier pro Person und ein Bund Schnittlauch.

1 Essig und Zucker mit 100 ml heißem Wasser verrühren, bis sich der Zucker aufgelöst hat. Auf zwei Schüsseln verteilen.

2 Möhren und Rettich putzen, schälen und in feine Stifte schneiden oder hobeln. Beides in jeweils einer Schüssel mit dem Essigwasser vermischen und 20 Min. ziehen lassen.

3 In der Zwischenzeit die Gurke waschen und in dünne Scheiben schneiden. Das Koriandergrün abbrausen, trocken schütteln und samt Stängeln fein hacken. Die Mayonnaise mit dem Koriandergrün, ½ TL Salz und ½ TL Pfeffer verrühren.

4 Die Hähnchenbrustfilets mit Küchenpapier trocken tupfen und kräftig salzen und pfeffern. Das Öl in einer Pfanne erhitzen. Das Fleisch in die Pfanne legen und auf jeder Seite in ca. 4 Min. bei mittlerer Hitze goldbraun braten. Währenddessen das Baguette in ca. 2 cm große Würfel schneiden.

5 Die Möhren- und Rettichstifte sowie die Gurkenscheiben in vier Bowls nebeneinander anrichten. Je 1 EL Mayonnaise auf die Gurken geben. Die Baguettewürfel neben die Gemüse setzen. Die Hähnchenbrust in ca. 2 cm große Würfel schneiden, mittig in die Bowls geben und diese sofort servieren.

Für 4 Personen • 25 Min. Zubereitung • 20 Min. Einweichen • Pro Portion ca. 750 kcal, 55 g E, 24 g F, 79 g KH

STEAK-BOWL MIT ZITRONENREIS

EINFACH

300 g Langkorn-Reis
1 Zwiebel
2 Knoblauchzehen
2 Bio-Zitronen
6 EL Olivenöl
100 g Orzo-Nudeln
600 ml Gemüsebrühe
4 Entrecôtes (à 200 g)
Salz
Pfeffer
3 EL gehackte TK-Petersilie
1 TL gehackter TK-Dill

GU **CLOU**

Beim Zitronenreis habe ich mich vom libanesischen Butterreis inspirieren lassen. Er wird mit Fadennudeln zubereitet, die in Butter goldbraun geröstet werden. Ob Fadennudeln oder Orzo-Nudeln – geröstet verleihen sie dem Reis ein tolles Aroma und sind ein Gaumenschmeichler.

1 Den Reis waschen, in einer Schüssel mit Wasser bedecken und ca. 20 Min. einweichen, dann abtropfen lassen. Zwiebel schälen, fein würfeln. Den Knoblauch schälen und in dünne Scheiben schneiden. Die Zitronen heiß waschen, abtrocknen, die Schale in Zesten ablösen und den Saft auspressen.

2 3 EL Öl in einem Topf erhitzen. Zwiebel und Knoblauch darin bei mittlerer Hitze in ca. 4 Min. hellbraun anbraten. Die Orzo-Nudeln dazugeben und leicht anbräunen. Dann den Reis einrühren und mit Brühe sowie Zitronensaft aufgießen.

3 Den Topfinhalt aufkochen und zugedeckt bei kleiner Hitze ca. 10 Min. garen, dann vom Herd nehmen und weitere 10 Min. ziehen lassen, dabei den Deckel nicht abnehmen.

4 Das restliche Olivenöl (3 EL) in einer Pfanne erhitzen. Die Steaks mit Küchenpapier trocken tupfen, kräftig mit Salz und Pfeffer würzen und im heißen Öl bei großer Hitze ca. 3 Min. auf jeder Seite anbraten. Die Hitze reduzieren und die Entrecôtes auf kleiner Stufe weitere 4 Min. pro Seite braten. Anschließend ca. 5 Min. in der Pfanne ruhen lassen.

5 Den Reis mit 1 TL Salz würzen, mit TK-Petersilie und -Dill verrühren und auf Bowls verteilen. Die Steaks jeweils quer in dünne Scheiben schneiden und auf dem Reis anrichten. Reis und Fleisch mit den Zitronenzesten garnieren. Sofort servieren.

Für 4 Personen • 35 Min. Zubereitung • Pro Portion ca. 610 kcal, 59 g E, 16 g F, 54 g KH

QUINOA-BOWL MIT GLASIERTEM HÄHNCHEN

GÜNSTIG

200 g Quinoa
680 ml Hühnerbrühe
500 g Brokkoli
2 rote Paprika
4 Knoblauchzehen
4 Hähnchenbrustfilets (à 200 g)
Salz
Pfeffer
4 EL Rapsöl
80 g Honig
4 EL Apfelessig
4 EL Sojasauce

1 Quinoa waschen, mit 600 ml Brühe aufkochen und zugedeckt bei kleiner Hitze ca. 15 Min. garen. Danach vom Herd nehmen und weitere 10 Min. zugedeckt ziehen lassen.

2 Den Brokkoli putzen, waschen und in kleine Röschen teilen. Die Paprika halbieren, Stielansatz, weiße Trennwände und Kerne entfernen. Die Paprika waschen und in ca. 1 cm breite Streifen schneiden. Den Knoblauch schälen und fein hacken. Die Hähnchenbrustfilets mit Küchenpapier trocken tupfen und in je drei Stücke schneiden. Kräftig salzen und pfeffern.

3 2 EL Öl in einer großen Pfanne erhitzen. Brokkoliröschen und Paprikastreifen darin ca. 8 Min. bei mittlerer Hitze rührbraten. Mit 1 TL Salz würzen. Das Gemüse in Bowls verteilen. Dann das restliche Öl (2 EL) in der Pfanne erhitzen und das Fleisch darin pro Seite ca. 2 Min. bei großer Hitze anbraten.

4 Das Fleisch auf eine Seite der Pfanne schieben. Den Knoblauch dazugeben und kurz anbraten, bis er Farbe bekommt. Restliche Brühe (80 ml) mit Honig, Essig und Sojasauce angießen und die Flüssigkeit bei mittlerer Hitze in ca. 2 Min. dickflüssig einkochen. Das Fleisch dabei mehrmals darin wenden.

5 Die Quinoa durchrühren und neben dem Gemüse in den Bowls anrichten. Je drei Stücke Fleisch mittig daraufsetzen und 2–3 EL Sauce darüber geben. Sofort servieren.

Für 4 Personen • 35 Min. Zubereitung • Pro Portion ca. 635 kcal, 43 g E, 9 g F, 87 g KH

DONBURI-BOWL MIT HUHN

AUS JAPAN

250 g Radieschen
1 Stück Ingwer (4 cm lang)
6 EL Rotweinessig
4 EL Honig
Salz
300 g Vollkorn-Basmati-Reis
600 g Hähnchenbrustfilet
Pfeffer
2 EL Sesamöl
100 ml Mirin (Reiswein)
6 EL Sojasauce
2 große Möhren
Korianderblättchen (nach Belieben)

GUT ZU WISSEN
Donburi ist in Japan der Oberbegriff für eine mit Reis gefüllte Bowl, die meist mit Fleisch oder Fisch bedeckt serviert wird. Das kann Rindfleisch in Teriyaki-Sauce, Mapo-Tofu, Thunfisch und vieles mehr sein.

1 Die Radieschen putzen, waschen und in Scheiben hobeln. Ingwer schälen, in feine Stifte schneiden. In einer Schüssel den Essig, Honig und ½ TL Salz mit 150 ml kochendem Wasser verrühren. Radieschen und Ingwer einlegen und ziehen lassen.

2 Den Reis in ein Sieb geben und waschen, dann mit 1 l kaltem Wasser in einen Topf füllen. Das Wasser zum Kochen bringen und den Reis darin bei mittlerer Hitze ca. 25 Min. garen.

3 Die Hähnchenbrustfilets mit Küchenpapier trocken tupfen und in jeweils drei Stücke schneiden. Kräftig mit Salz und Pfeffer würzen. Das Sesamöl in einer Pfanne erhitzen. Die Fleischstücke darin pro Seite in ca. 2 Min. scharf anbraten.

4 Anschließend die Hitze auf kleine Stufe reduzieren. Mirin, Sojasauce und 200 ml Wasser in die Pfanne geben und das Fleisch ca. 15 Min. bei aufgelegtem Deckel in der Sauce garen.

5 Die Möhren putzen, schälen und grob raspeln. Den Reis in ein Sieb abgießen, kurz abtropfen lassen. Das Fleisch mithilfe von zwei Gabeln klein zerfasern und mit der Sauce mischen.

6 Die Möhren ins rechte obere Viertel der Bowls setzen, das Fleisch daneben anrichten und den Reis sowie die Radieschen auf die unteren Viertel der Bowls verteilen. Nach Belieben mit Korianderblättchen garnieren und sofort servieren.

Für 4 Personen • 35 Min. Zubereitung • 45 Min. Garen • Pro Portion ca. 590 kcal, 40 g E, 31 g F, 36 g KH

GEMÜSENUDEL-BOWL MIT LINSEN-HACKBÄLLCHEN

BALLASTSTOFFREICH

150 g braune Linsen
2 rote Zwiebeln
3 EL Rapsöl
400 g Rinderhackfleisch
1 Ei (M)
1 TL mittelscharfer Senf
Salz
Pfeffer
600 g Tomaten
25 g Honig
2 große Möhren
150 g Schafskäse (Feta)

TUNING-TIPP
Für eine feinere Sauce ohne Häutchen die Tomaten nach dem Schmoren durch ein Sieb streichen.

1 Die Linsen waschen und in ca. 500 ml kochendem Wasser in 35–45 Min. weich garen, dann in ein Sieb abgießen und abtropfen lassen. Die Zwiebeln schälen, klein würfeln. In einem Topf 1 EL Öl erhitzen und die Zwiebeln darin bei mittlerer Hitze in ca. 5 Min. goldbraun anbraten. Den Topf vom Herd nehmen.

2 Von den Zwiebeln 1 EL abnehmen und mit den Linsen, dem Hackfleisch, Ei, Senf sowie 1 TL Salz und ½ TL Pfeffer zu einer geschmeidigen Masse verkneten. Daraus 20 Kugeln formen.

3 Tomaten waschen, halbieren, vom Stielansatz befreien und in ca. 1 cm große Stücke schneiden. Die restlichen Zwiebeln im Topf wieder erhitzen, Tomaten, Honig und 1 TL Salz dazugeben und alles offen bei mittlerer Hitze ca. 20 Min. schmoren.

4 Übriges Öl (2 EL) in einer großen Pfanne erhitzen und die Hackbällchen darin in ca. 8 Min. rundherum knusprig braun braten. Die Möhren putzen, schälen und mit dem Sparschäler in lange dünne Streifen hobeln. Diese in 1 l kochendem Salzwasser ca. 3 Min. garen, dann abgießen und abtropfen lassen.

5 Die Möhren in Bowls verteilen, die Tomatensauce darübergeben und jeweils fünf Fleischbällchen obenauf setzen. Den Schafskäse zerbröckeln und darüberstreuen. Sofort servieren.

Für 4 Personen • 30 Min. Zubereitung • 1 Std. Marinieren • Pro Portion ca. 490 kcal, 34 g E, 27 g F, 24 g KH

BUNTE TACO-FISCH-BOWL

AUS MEXIKO

600 g Seelachsfilet
1 Limette
2 EL Tacogewürz
3 EL Olivenöl
Salz
Pfeffer
400 g Kirschtomaten
3 gelbe Paprika
4 rote Zwiebeln
1 Bund Koriandergrün
1 große Avocado
60 g Tortilla-Chips

1 Den Fisch mit Küchenpapier trocken tupfen und in ca. 1 cm breite Streifen schneiden. Den Saft der Limette auspressen. Das Tacogewürz, 1 EL Limettensaft, 1 EL Öl, 1 TL Salz und ½ TL Pfeffer in einer Schale verrühren. Fisch untermischen und abgedeckt mindestens 1 Std. im Kühlschrank ziehen lassen.

2 Die Tomaten waschen. Die Paprika halbieren, Stielansatz, weiße Trennwände und Kerne entfernen. Die Paprikahälften waschen und in 1 cm breite Streifen schneiden. Die Zwiebeln schälen, halbieren und in ca. 0,5 cm breite Spalten schneiden.

3 Das Koriandergrün abbrausen, trocken schütteln und samt Stängeln fein hacken. Avocado halbieren, Kern und Schale entfernen. Das Fruchtfleisch mit restlichem Limettensaft, 1 TL Salz und 2 Prisen Pfeffer pürieren. Koriander unterrühren.

4 In einer beschichteten Pfanne übriges Öl (2 EL) erhitzen. Zwiebeln darin bei großer Hitze 2 Min. rührbraten, die Paprikastreifen weitere 2 Min. mitbraten. Kirschtomaten, 1 TL Salz und 2 Prisen Pfeffer dazugeben und ca. 5 Min. bei mittlerer Hitze garen, dabei ab und an wenden. Auf Bowls verteilen.

5 Die Pfanne wieder erhitzen und die Seelachsstreifen darin bei großer Hitze ca. 4 Min. rührbraten. Die Fischstücke mittig auf das Gemüse setzen, daneben 1 EL Avocadocreme und je 1 Handvoll Chips anrichten. Restliche Creme dazu servieren.

Für 4 Personen • 35 Min. Zubereitung • Pro Portion ca. 590 kcal, 22 g E, 18 g F, 81 g KH

FISCHKNUSPERLE-BOWL

SCHARF

500 g Spitzkohl
1 Bund Koriandergrün
1 Limette
1 rote Chilischote
Salz
Pfeffer
2 EL Rohrohrzucker
300 g Jasmin-Reis
2 Eier (M)
100 g Mehl
400 g Pangasius (ersatzweise Tilapia oder Seelachs)
200 ml Rapsöl

1 Den Spitzkohl putzen, halbieren, vom Strunk befreien und waschen. Die Hälften in lange schmale Streifen schneiden. Das Koriandergrün abbrausen, trocken schütteln und samt Stängeln fein hacken. Den Saft der Limette auspressen. Die Chilischote halbieren, Stielansatz, weiße Trennwände und Kerne entfernen. Die Chilihälften waschen und fein schneiden.

2 Den Spitzkohl mit 1 TL Salz, ½ TL Pfeffer, 2 EL Limettensaft, Chili und Zucker in einer Schüssel verkneten, bis Saft aus dem Kohl austritt. Salat beiseitestellen. Den Reis in ein Sieb geben, waschen und in 600 ml kochendem Wasser 10–12 Min. garen.

3 Die Eier in eine Schüssel aufschlagen, mit 1 TL Salz und dem Mehl verquirlen, dann 25 ml kaltes Wasser dazugeben und alles zu einem dickflüssigen Teig verrühren. Die Fischfilets mit Küchenpapier trocken tupfen und quer in ca. 2 cm breite Streifen schneiden. Die Fischstreifen in den Teig geben.

4 Das Öl in einer großen beschichteten Pfanne erhitzen. Die Fischstreifen aus dem Teig nehmen und im heißen Öl pro Seite in ca. 3 Min. bei mittlerer Hitze goldbraun ausbacken. Dann aus der Pfanne nehmen und auf Küchenpapier entfetten.

5 Reis abgießen, mit Koriander, übrigem Limettensaft und 1 TL Salz verrühren. Reis und Krautsalat in Bowls anrichten, die Fischknusperle daraufsetzen und sofort servieren.

Für 4 Personen • 25 Min. Zubereitung • Pro Portion ca. 670 kcal, 47 g E, 14 g F, 86 g KH

KNOBLAUCHGARNELEN-BOWL

FÜR GÄSTE

1 Baby-Ananas
2 rote Paprika
2 rote Zwiebeln
6 Knoblauchzehen
2 Zweige Rosmarin
300 g Basmati-Reis
800 g rohe Garnelen (küchenfertig; ersatzweise TK-Garnelen)
4 EL Olivenöl
Salz
Pfeffer
6 EL Chili-Ketchup

1 Die Ananas schälen, vierteln und vom Strunk befreien. Das Fruchtfleisch in dünne Scheiben schneiden. Die Paprika halbieren, Stielansatz, weiße Trennwände und Kerne entfernen. Die Paprikahälften waschen und in 1 cm breite Streifen schneiden.

2 Die Zwiebeln schälen, halbieren und in dünne Streifen schneiden. Knoblauch schälen, fein hacken. Rosmarin abbrausen, trocken schütteln, die Nadeln abstreifen und grob hacken.

3 Den Reis waschen und in ca. 800 ml kochendem Wasser 12–15 Min. garen. Garnelen mit Küchenpapier trocken tupfen.

4 In einer großen Pfanne 2 EL Öl erhitzen. Die Paprika- und Zwiebelstreifen darin unter Rühren bei mittlerer Hitze ca. 5 Min. anbraten. Die Ananasscheiben mit 1 TL Salz und ½ TL Pfeffer hinzufügen, alles verrühren und weitere 2 Min. braten. Danach die Gemüsemischung in vier Bowls verteilen.

5 Das restliche Öl (2 EL) in der Pfanne erhitzen. Garnelen und Knoblauch darin unter Rühren ca. 3 Min. bei mittlerer Hitze braten. Ketchup und gehackten Rosmarin untermischen. Den Reis abgießen und neben dem Gemüse in den Bowls anrichten. Garnelen und Sauce darauf geben. Sofort servieren.

VEGAN & VEGETARISCH

Für 4 Personen • 40 Min. Zubereitung • Pro Portion ca. 425 kcal, 12 g E, 17 g F, 52 g KH

GRILLGEMÜSE-BOWL

EINFACH

800 g vorwiegend festkochende Kartoffeln
1 Dose schwarze Bohnen (240 g Abtropfgewicht; ersatzweise Kidneybohnen)
2 rote Zwiebeln
6 EL Rapsöl
1 Aubergine
2 Zucchini
2 rote Paprika
2 Maiskolben
2 TL Grill-Gewürzmischung
Salz
4 EL BBQ-Sauce

1 Die Kartoffeln schälen, waschen und ca. 1 cm groß würfeln. Bohnen abgießen und abtropfen lassen. Die Zwiebeln schälen, fein würfeln. In einer beschichteten Pfanne 2 EL Öl erhitzen. Die Kartoffeln und Zwiebeln darin bei mittlerer Hitze in ca. 30 Min. goldbraun braten, dabei ab und an wenden.

2 Aubergine und Zucchini putzen, waschen und längs in ca. 0,5 cm dicke Scheiben schneiden. Die Paprika achteln, Stielansatz, weiße Trennwände und Kerne entfernen. Die Achtel waschen und quer in dünne Streifen schneiden. Mais putzen, waschen und in ca. 3 cm breite Ringe schneiden.

3 In einer Grillpfanne 2 EL Öl erhitzen. Aubergine und Zucchini darin pro Seite ca. 3 Min. bei mittlerer Hitze anbraten. Mit 1 TL Grill-Gewürz sowie ½ TL Salz würzen, dann aufrollen und in Bowls verteilen. Den Mais in 1 EL heißem Öl in gleicher Weise braten und neben den Röllchen anrichten.

4 Restliches Öl (1 EL) erhitzen. Die Paprikastreifen darin unter Rühren ca. 2 Min. bei großer Hitze anbraten. Abgetropfte Bohnen, BBQ-Sauce und 2 EL Wasser hinzufügen, alles verrühren und aufkochen lassen. Pfanne dann beiseiteziehen.

5 Die Bratkartoffeln mit dem restlichen Grill-Gewürz und ½ TL Salz würzen und neben dem Gemüse in den Bowls anrichten. Den Paprika-Bohnen-Mix obenauf geben. Sofort servieren.

REISNUDEL-BOWL MIT GEMÜSEBÄLLCHEN

HERBST-REZEPT

Für 4 Personen • 45 Min. Zubereitung • Pro Portion ca. 660 kcal, 16 g E, 13 g F, 120 g KH

50 g getrocknete Shiitake (Pilze)
300 g Reisnudeln
250 g Weißkohl
100 g Möhren
2 rote Zwiebeln
Salz
120 g Mehl
60 g Speisestärke
250 ml Rapsöl
8 EL helle Sojasauce
200 g TK-Erbsen

1 Die Pilze ca. 30 Min. in 500 ml heißem Wasser einweichen. Inzwischen die Reisnudeln ca. 5 Min. in Wasser einweichen, abgießen und 10 Min. abtropfen lassen. Den Kohl putzen, die Möhren putzen und schälen. Beides waschen und in grobe Stücke schneiden (Bild 1). Die Zwiebeln schälen und würfeln.

2 Kohl, Möhren und Zwiebeln im Mixer fein hacken. Dann in eine Schüssel umfüllen und mit 1 TL Salz verkneten, bis Flüssigkeit austritt (Bild 2). Mehl und 50 g Stärke dazugeben und alles mit der Hand vermischen. Die Masse 10 Min. ruhen lassen.

3 Das Öl in einer beschichteten Pfanne erhitzen. Aus der Masse mit angefeuchteten Händen 20 Bällchen formen (Bild 3) und im heißen Öl bei mittlerer Hitze in ca. 4 Min. goldgelb braten (Bild 4). Herausnehmen und auf Küchenpapier entfetten.

4 Eingeweichte Pilze ausdrücken, dabei die Flüssigkeit in einem Topf auffangen. Die Pilze in dünne Scheiben schneiden. Das Pilzwasser mit Sojasauce und restlicher Stärke (10 g) bei mittlerer Hitze unter Rühren aufkochen und ca. 1 Min. sprudelnd kochen lassen, dann den Topf vom Herd nehmen.

5 In einem Topf reichlich gesalzenes Wasser aufkochen. Reisnudeln und Pilze darin 4 Min. garen. Die TK-Erbsen hinzufügen (Bild 5), alles nochmals aufkochen und in ein Sieb abgießen.

6 Die Reisnudeln in Bowls anrichten. Die Gemüsebällchen in die Sauce geben und zügig verrühren. Je fünf Gemüsebällchen mit Sauce auf den Nudeln anrichten (Bild 6). Sofort servieren.

Für 4 Personen • 35 Min. Zubereitung • Pro Portion ca. 615 kcal, 19 g E, 25 g F, 76 g KH

GEWÜRZREIS-BOWL

GÜNSTIG

300 g Vollkorn-Basmati-Reis
100 g Erdnusskerne (geröstet und gesalzen)
250 g TK-Erbsen
3 rote Paprika
1 rote Chilischote
2 Knoblauchzehen
½ Bund Koriandergrün
4 EL Kokosöl
1 EL Currypulver
Salz
Pfeffer
1 EL Zitronensaft

TAUSCH-TIPP
Frischer Koriander ist nicht jedermanns Sache. In diesem Rezept kann er gut durch frisch gehackte, glatte Petersilie ersetzt werden. Dadurch wird der Geschmack bedeutend milder.

1 Den Reis in ein Sieb geben, waschen und in 1 l kochendem Wasser ca. 25 Min. bei mittlerer Hitze garen. Erdnusskerne hacken. TK-Erbsen in einer Schüssel mit kochendem Wasser übergießen. Nach ca. 3 Min. abgießen und abtropfen lassen.

2 Paprika und Chilischote halbieren, Stielansatz, weiße Trennwände und Kerne entfernen. Die Hälften waschen, dann die Paprika in 1 cm breite, die Chili in feine Streifen schneiden. Knoblauch schälen und durchpressen. Koriander abbrausen, trocken schütteln und samt Stängeln fein hacken.

3 Reis abgießen und abtropfen lassen. In einer beschichteten Pfanne 2 EL Öl erhitzen. Reis, Currypulver, 1 TL Salz, ½ TL Pfeffer und Zitronensaft dazugeben und bei großer Hitze rührbraten, bis der Reis braune Stellen bekommt. Koriander unterrühren. Reis kreisförmig am Rand der Bowls anrichten.

4 Paprika, Chili, Knoblauch und gehackte Nüsse in 1 EL Öl bei großer Hitze ca. 3 Min. anbraten. Mit ½ TL Salz und 1 Prise Pfeffer würzen, dann mittig in den Bowls anrichten.

5 Pfanne und restliches Öl (1 EL) erhitzen. Die Erbsen darin bei großer Hitze ca. 30 Sek. schwenken. Mit 2 Prisen Salz würzen. Die Erbsen auf die Bowls verteilen. Sofort servieren.

Für 4 Personen • 35 Min. Zubereitung • Pro Portion ca. 425 kcal, 6 g E, 29 g F, 34 g KH

SOMMER-SONNEN-BOWL

VITAMINREICH

50 g gehackte Haselnusskerne
300 g Endiviensalat
500 g bunte Möhren (orange, gelb, rot)
6 große Strauchtomaten
2 Birnen
100 g Himbeeren (ersatzweise TK-Himbeeren)
2 Bio-Zitronen
8 EL Hanföl
4 EL Honig
Salz
Pfeffer

1 Die Haselnusskerne in einer Pfanne ohne Fett rösten, bis sie zu duften beginnen, dann herausnehmen. Den Salat putzen, waschen, trocken schütteln und in feine Streifen schneiden. Die Möhren putzen, schälen und grob raspeln. Tomaten waschen, halbieren, vom Stielansatz befreien und in ca. 1 cm große Würfel schneiden.

2 Birnen waschen, vierteln, entkernen und klein würfeln. Himbeeren verlesen, kurz abbrausen. Zitronen heiß waschen und abtrocknen, die Schale fein abreiben, den Saft auspressen. Schale und Saft, Öl, Honig, 1 TL Salz und ½ TL Pfeffer zu einem Dressing verrühren.

3 Endiviensalat und Birnenwürfel mischen und mittig in vier Bowls anrichten. Möhren und Tomaten abwechselnd an den Rand der Bowls geben. Alles mit je 3–4 EL Dressing beträufeln. Die Bowls mit Himbeeren und gerösteten Haselnüssen garnieren und servieren.

Für 4 Personen • 35 Min. Zubereitung • Pro Portion ca. 355 kcal, 7 g E, 1 g F, 75 g KH

ROSA ROTE-BETE-BOWL

VITAMINREICH

200 g Jasmin-Reis
4 EL Apfelessig
1 EL mittelscharfer Senf
3 EL Honig
Salz
Pfeffer
600 g Rote Beten
1 säuerlicher Apfel (z. B. Fuji)
2 große Möhren
100 g Baby-Blattspinat
2 Pink Grapefruits
50 g Himbeeren (ersatzweise TK-Himbeeren)

1 Den Reis in ein Sieb geben, waschen und in ca. 800 ml kochendem Wasser 10–12 Min. garen. Dann abgießen und abtropfen lassen.

2 Essig, Senf, Honig, 1 TL Salz und ½ TL Pfeffer in einer Schüssel verrühren. Die Roten Beten schälen und grob raspeln, dabei am besten Küchenhandschuhe tragen. Den Apfel waschen, vierteln, entkernen und reiben. Apfel- und Rote-Bete-Raspel mit dem Dressing mischen.

3 Möhren putzen, schälen, grob raspeln. Spinat verlesen, waschen und abtropfen lassen. Die Grapefruits bis ins Fruchtfleisch schälen, sodass die weiße Haut komplett entfernt wird, dann in je acht dünne Scheiben schneiden. Himbeeren verlesen, kurz abbrausen.

4 Den abgetropften Reis mit dem Rote-Bete-Mix mischen. Möhren und Spinat unterheben und alles in Bowls verteilen. Je vier Scheiben Grapefruit darauflegen. Mit Himbeeren garniert servieren.

Für 4 Personen • 35 Min. Zubereitung • Pro Portion ca. 435 kcal, 18 g E, 14 g F, 57 g KH

BUDDHA-BOWL

GUT VORZUBEREITEN

200 g Sojaghurt
2 EL Tahin (Sesampaste)
½ TL edelsüßes Paprikapulver
Salz
Pfeffer
600 g Brokkoli
500 g Möhren
500 g mehligkochende Kartoffeln
200 g bunte Quinoa
3 rote Zwiebeln
2 EL Olivenöl
frisch geriebene Muskatnuss

1 Sojaghurt, Tahin, Paprikapulver, 1 TL Salz und ½ TL Pfeffer in einer Schale verrühren, abdecken und kühl stellen. Brokkoli putzen, waschen und in kleine Röschen teilen. Diese ca. 5 Min. in 500 ml kochendem Salzwasser garen, dann abgießen, mit kaltem Wasser abspülen und abtropfen lassen.

2 Inzwischen die Möhren und Kartoffeln schälen, waschen und in ca. 1 cm große Würfel schneiden. Beides in den Topf geben, mit Wasser bedecken und zum Kochen bringen. 1 TL Salz zugeben und das Gemüse in ca. 20 Min weich garen.

3 In einem weiteren Topf 500 ml Wasser mit Salz aufkochen. Quinoa waschen, ins kochende Wasser geben und zugedeckt bei kleiner Hitze ca. 20 Min. garen. In ein Sieb abgießen.

4 Die Zwiebeln schälen, halbieren und in feine Streifen schneiden. Das Öl in einer Pfanne erhitzen. Die Zwiebeln darin unter gelegentlichem Rühren in ca. 8 Min. bei mittlerer Hitze goldbraun braten. Den abgetropften Brokkoli dazugeben, alles verrühren und mit 1 Prise Muskatnuss würzen.

5 Kartoffeln und Möhren abgießen, wieder in den Topf geben und mit einem Kartoffelstampfer fein stampfen. Mit 2 Prisen Muskatnuss würzen. Das Püree in Bowls geben, daneben die abgetropfte Quinoa anrichten. Den Brokkoli in die Mitte setzen und mit je 2 EL Dip garnieren. Sofort servieren.

BUNTE BOWL MIT DREIERLEI MÖHREN

SOMMER-REZEPT

Für 4 Personen • 40 Min. Zubereitung • Pro Portion ca. 475 kcal, 7 g E, 27 g F, 51 g KH

150 g Mehl
½ TL Backpulver
2 EL Zucker
Salz
250 ml Mineralwasser mit Kohlensäure
300 ml Rapsöl
1 kg Möhren
2 EL Apfelessig
1 TL mittelscharfer Senf
2 Maiskolben
frisch geriebene Muskatnuss

AUSSERDEM
4 Holzspieße (à 20 cm lang)

1 Mehl, Backpulver, ½ TL Zucker, ½ TL Salz, Mineralwasser und 3 TL Öl in eine Schüssel geben und zu einem glatten Teig glatt verrühren. Den Teig abdecken und 30 Min. kühl stellen.

2 Die Möhren putzen, schälen und zu jeweils einem Drittel grob raspeln, in 0,5 cm dicke Scheiben schneiden sowie mit dem Sparschäler in lange Streifen hobeln (Bild 1).

3 Essig, Senf, 2 EL Öl, ½ TL Salz und 1 EL Zucker in einer Schüssel verrühren. Die Möhrenraspel mit dem Dressing vermischen (Bild 2). Salat abdecken und kühl stellen.

4 In einem hohen Topf 750 ml Wasser aufkochen und ein hitzefestes Sieb einhängen. Die Möhrenscheiben mit je 2 Prisen Salz und Zucker mischen, in das Sieb geben und zugedeckt ca. 10 Min. im aufsteigenden Dampf garen (Bild 3).

5 Die Maiskolben waschen und in zwölf Scheiben schneiden, davon je drei auf einen Spieß stecken. In einer beschichteten Pfanne 1 EL Öl erhitzen. Die Maisspieße hineingeben, mit je 2 Prisen Salz und Muskatnuss würzen und pro Seite ca. 5 Min. zugedeckt bei kleiner bis mittlerer Hitze braten (Bild 4).

6 In einer weiteren Pfanne das übrige Öl erhitzen. Möhrenstreifen durch den Teig ziehen und im heißen Öl einzeln nebeneinander goldgelb frittieren (Bild 5). Auf Küchenpapier entfetten. Möhrensalat, gedämpfte und frittierte Möhren in Bowls anrichten, die Spieße auflegen (Bild 6). Sofort servieren.

Für 4 Personen • 35 Min. Zubereitung • Pro Portion ca. 455 kcal, 10 g E, 27 g F, 42 g KH

BROKKOLI-BOWL MIT KURKUMA

VOLLWERT-REZEPT

500 g Süßkartoffeln
500 g Brokkoli
4 EL Olivenöl
2 TL gemahlene Kurkuma
Salz
Pfeffer
100 g Walnusskerne
250 g Radicchio
2 Römersalatherzen
2 Chicorée
3 EL Apfelessig
2 EL Honig

1 Ofen auf 180° vorheizen. Ein Backblech mit Backpapier belegen. Süßkartoffeln schälen und 2 cm groß würfeln. Brokkoli waschen, in Röschen teilen, den Strunk schälen und in Scheiben schneiden.

2 In einer Schüssel 2 EL Öl, Kurkuma, 1 TL Salz und ½ TL Pfeffer verrühren. Brokkoli und Süßkartoffeln untermischen und auf dem Blech verteilen. Im Ofen (Mitte) ca. 25 Min. backen, dann herausnehmen.

3 Walnusskerne grob hacken. In einer Pfanne ohne Fett in ca. 3 Min. bei mittlerer Hitze knusprig rösten. Radicchio, Römersalat und Chicorée in einzelne Blätter trennen, waschen und abtropfen lassen.

4 Aus restlichem Öl (2 EL), Essig, Honig und 1 TL Salz ein Dressing anrühren. Die Salatblätter bunt gemischt rundherum an den Rand der Bowls legen und mit Dressing beträufeln. Brokkoli und Kartoffeln in der Mitte anrichten. Mit Walnüssen bestreuen und servieren.

Für 4 Personen • 35 Min. Zubereitung • Pro Portion ca. 435 kcal, 30 g E, 5 g F, 65 g KH

LINSEN-BLUMENKOHL-BOWL

EINFACH

400 g Blumenkohl
400 g rote Linsen
800 ml Gemüsebrühe
1 EL Currypulver
1 TL gemahlener Kreuzkümmel
1 TL gemahlener Koriander
Salz
Pfeffer
2 mittelgroße Möhren
½ Bund Koriandergrün
1 Bio-Limette
4 EL griechischer Sahnejoghurt (10 % Fett)

1 Blumenkohl putzen, waschen und auf einer Raspel grob reiben. Linsen in ein Sieb geben und unter fließendem Wasser waschen. Linsen, Blumenkohl und Brühe in einem Topf aufkochen. Curry, Kreuzkümmel, gemahlenen Koriander, 1 TL Salz sowie ½ TL Pfeffer einrühren. Abgedeckt bei kleiner Hitze ca. 15 Min. garen.

2 Die Möhren putzen, schälen und mit einem Sparschäler in lange Streifen hobeln. Diese ca. 10 Min. in kaltes Salzwasser einlegen, dann abtropfen lassen. Koriandergrün abbrausen, trocken schütteln. Ein paar Blättchen beiseitelegen, den Rest mitsamt den Stängeln fein hacken. Limette heiß waschen, abtrocknen und vierteln.

3 In einer Schale den Joghurt mit 1 Prise Salz und gehacktem Koriander verrühren. Linsen und Blumenkohl in Bowls anrichten. Die Möhrenstreifen daraufgeben und mit je 1 EL Joghurt, einem Stück Limette und den Korianderblättchen garnieren. Sofort servieren.

Für 4 Personen • 35 Min. Zubereitung • 1 Std. Trocknen • Pro Portion ca. 335 kcal, 14 g E, 13 g F, 37 g KH

UMAMI-KICHERERBSEN-BOWL

AUS JAPAN

2 Dosen Kichererbsen (à 240 g Abtropfgewicht)
4 EL Olivenöl
2 TL Chiliflocken
2 TL edelsüßes Paprikapulver
Salz
500 g Zucchini
500 g Shiitake (Pilze)
2 Knoblauchzehen
1 Stück Ingwer (4 cm lang)
2 Nori-Blätter
5 EL helle Sojasauce

1 Die Kichererbsen abgießen und kalt abspülen. Auf einem Geschirrtuch ausbreiten und etwa 1 Std. trocknen lassen. Anschließend den Backofen auf 200° vorheizen. Ein Backblech mit Backpapier belegen. Die Kichererbsen mit 2 EL Öl, Chiliflocken, Paprikapulver und 1 TL Salz in einer Schüssel mischen, auf dem vorbereiteten Blech verteilen und im vorgeheizten Ofen (Mitte) in ca. 30 Min. goldbraun und knusprig backen.

2 Die Zucchini putzen, waschen und längs in ca. 1 cm dicke Scheiben, dann quer in ca. 1 cm breite Stifte schneiden. Pilze putzen und bei Bedarf mit einem Tuch abreiben. Die Stiele entfernen, die Kappen in dünne Scheiben schneiden. Knoblauch schälen, Ingwer schälen und waschen. Beides jeweils in dünne Scheiben schneiden. Die Nori-Blätter halbieren, die Hälften aufeinanderlegen und quer in dünne Streifen schneiden.

3 1 EL Öl in einer beschichteten Pfanne erhitzen. Die Hälfte des Knoblauchs darin bei großer Hitze ca. 10 Sek. anbraten, Zucchini zugeben und ca. 3 Min. mitbraten. Mit 2 EL Sojasauce und den Nori-Streifen verrühren und in Bowls verteilen.

4 Resliches Öl (1 EL) in der Pfanne erhitzen. Den übrigen Knoblauch mit Ingwer und Pilzen in die Pfanne geben und bei großer Hitze ca. 3 Min. rührbraten. Mit übriger Sojasauce (3 EL) ablöschen und verrühren. Pilze und gebackene Kichererbsen neben den Zucchini in den Bowls anrichten. Sofort servieren.

GU CLOU

Umami bedeutet im Japanischen »Schmackhaftigkeit«. Umai = lecker, Mi = Essenz. Ein Geschmack, den man nicht als süß, sauer, bitter oder salzig empfindet, gilt als Umami. Verantwortlich dafür ist die Aminosäure Glutamat, die unter anderem in Nori-Algen und Sojasauce vorkommt.

Für 4 Personen • 35 Min. Zubereitung • Pro Portion ca. 310 kcal, 7 g E, 6 g F, 53 g KH

THAI-NUDEL-BOWL

ASIATISCH

200 g Reisnudeln
1 Bund Koriandergrün
5 Stängel Thai-Basilikum
300 g Zuckerschoten
300 g Möhren
200 g Chinakohl
4 Knoblauchzehen
Salz
600 ml Gemüsebrühe
2 EL Sesamöl
2 EL helle Sojasauce

GUT ZU WISSEN
Ob Streetfood oder Nudelrestaurant – in Thailand stehen immer Koriander, Basilikum, Sprossen und klein geschnittener China- oder Weißkohl bereit. Man gibt sie nach Belieben in seine Schale und verrührt sie mit der Suppe. So wird das Gemüse gegart, gleichzeitig kühlen die Nudeln und die Brühe ab.

1 Reisnudeln ca. 5 Min. in Wasser einweichen, dann abgießen und ca. 10 Min. abtropfen lassen. Koriandergrün und Basilikum abbrausen, trocken schütteln. Koriander mitsamt den Stängeln klein schneiden, die Blätter vom Basilikum abzupfen.

2 Die Zuckerschoten putzen, waschen und abtropfen lassen. Möhren putzen, schälen und in feine Stifte schneiden. Den Chinakohl in feine Streifen schneiden, waschen und abtropfen lassen. Knoblauch schälen und in feine Scheiben schneiden.

3 In einem Topf reichlich gesalzenes Wasser zum Kochen bringen. Reisnudeln darin ca. 5 Min. garen, dann in ein Sieb abgießen. Parallel dazu die Gemüsebrühe in einem weiteren Topf zum Kochen bringen und 2 Min. sieden lassen. Die Möhren in die Gemüsebrühe geben und ca. 3 Min. garen.

4 Das Sesamöl in einer Pfanne erhitzen. Den Knoblauch dazugeben und unter Rühren ca. 1 Min. bei mittlerer Hitze anbraten. Die Zuckerschoten hinzufügen und unter Wenden ca. 4 Min. mitgaren, dabei mit der Sojasauce würzen.

5 Abgetropfte Nudeln in die Gemüsebrühe geben, mit den Möhren mischen und in Bowls anrichten. Brühe gleichmäßig auf die Bowls verteilen. Zuckerschoten und Kohlstreifen daraufgeben. Mit Koriander und Basilikum garnieren und servieren.

Für 4 Personen • 35 Min. Zubereitung • Pro Portion ca. 400 kcal, 19 g E, 12 g F, 49 g KH

AYURVEDA-BOWL

INDISCH

200 g gelbe Linsen
100 g Natur-Reis
4 EL Kokosöl
3 TL Garam Masala
800 ml Gemüsebrühe
Salz
1 Zucchino
100 g Baby-Blattspinat
1 Bund Koriandergrün
250 g Brokkoli
Pfeffer

1 Linsen und Reis in einem Sieb kalt abspülen und abtropfen lassen. 2 EL Öl in einem Topf erhitzen. Garam Masala darin bei mittlerer Hitze ca. 15 Sek. rösten, dann mit Linsen und Reis vermischen. Brühe angießen, mit 1 TL Salz würzen und aufkochen. Linsen und Reis bei mittlerer Hitze ca. 30 Min. garen, dabei ab und an umrühren.

2 Zucchino putzen, waschen, grob raspeln. Spinat waschen und abtropfen lassen. Koriander abbrausen, trocken schütteln und die Blätter abzupfen. Zucchiniraspel und Spinat mit Reis und Linsen verrühren und 5 Min. mitkochen, zuletzt den Koriander einrühren.

3 Brokkoli putzen, waschen und in ca. 2 cm große Röschen teilen. Das restliche Öl (2 EL) in einer beschichteten Pfanne erhitzen. Den Brokkoli darin bei mittlerer Hitze ca. 5 Min. unter Rühren braten. Mit je 2 Prisen Salz und Pfeffer würzen. Das Reis-Linsen-Gemüse in Bowls anrichten. Brokkoli darauf verteilen und alles sofort servieren.

Für 4 Personen • 35 Min. Zubereitung • Pro Portion ca. 450 kcal, 15 g E, 21 g F, 48 g KH

FARRO-GEMÜSE-BOWL

ITALIENISCH

4 rote Zwiebeln
1 Zucchino
2 rote Paprika
250 g braune Champignons
50 g schwarze Oliven
200 g Farro perlato (geschliffener Dinkel; ersatzweise Emmer)
650 ml Gemüsebrühe
Salz
4 EL Olivenöl
Pfeffer
4 TL italienische TK-Kräuter
100 g Schafskäse (Feta)

1 Die Zwiebeln schälen und in ca. 0,5 cm dicke Scheiben schneiden. Zucchino putzen, waschen und quer in 1 cm dicke Scheiben schneiden. Paprika vierteln, Stielansatz, Trennwände und Kerne entfernen. Die Viertel waschen. Pilze putzen, bei Bedarf mit einem Tuch abreiben. Die Stiele entfernen. Oliven in dünne Scheiben schneiden.

2 Den Farro in einem Sieb kalt abspülen. Mit Gemüsebrühe und 1 TL Salz in einen Topf geben und zum Kochen bringen. Bei mittlerer Hitze ca. 30 Min. kochen, bis die Brühe verbraucht ist. In einer großen Grillpfanne das Öl erhitzen. Zwiebeln und Zucchino, Paprika und Champignons nacheinander je 4 Min. pro Seite bei mittlerer Hitze braten. Mit 1 TL Salz und 3 Prisen Pfeffer würzen.

3 Den fertig gegarten Farro mit TK-Kräutern verrühren und in Bowls verteilen. Das gegrillte Gemüse darauf anrichten. Den Schafskäse darüberbröckeln. Mit Olivenscheiben garnieren und servieren.

REGISTER

Vegetarische Rezepte, die im Buch mit einem 🌿 gekennzeichnet sind, sind hier grün abgesetzt.

Abkürzungsverzeichnis:
E = Eiweiß
EL = Esslöffel (gestrichen)
F = Fett
kcal = Kilokalorien
KH = Kohlenhydrate
Msp. = Messerspitze
Pck. = Päckchen
TK = Tiefkühl
TL = Teelöffel (gestrichen)
Ø = Durchmesser

LIEBE LESERINNEN UND LESER,

wir wollen Ihnen mit diesem Buch Informationen und Anregungen geben, um Ihnen das Leben zu erleichtern oder Sie zu inspirieren, Neues auszuprobieren. Wir achten bei der Erstellung unserer Bücher auf Aktualität und stellen höchste Ansprüche an Inhalt und Gestaltung. Alle Anleitungen und Rezepte werden von unseren Autoren, jeweils Experten auf ihren Gebieten, gewissenhaft erstellt und von unseren Redakteur*innen mit größter Sorgfalt ausgewählt und geprüft.

Haben wir Ihre Erwartungen erfüllt? Sind Sie mit diesem Buch und seinen Inhalten zufrieden? Wir freuen uns auf Ihre Rückmeldung. Und wir freuen uns, wenn Sie diesen Titel weiterempfehlen, in Ihrem Freundeskreis oder bei Ihrem Online-Kauf.

Sollten wir Ihre Erwartungen so gar nicht erfüllt haben, tauschen wir Ihnen Ihr Buch jederzeit gegen ein gleichwertiges zum gleichen oder ähnlichen Thema um.

KONTAKT ZUM LESERSERVICE

GRÄFE UND UNZER VERLAG
Grillparzerstraße 12
81675 München
www.gu.de

IMPRESSUM

GU ist eine eingetragene Marke der GRÄFE UND UNZER VERLAG GmbH, www.gu.de

ISBN 978-3-8338-7988-3
6. Auflage 2025

Projektleitung: Linh Nguyen
Lektorat: Dr. Stefanie Gronau
Korrektorat: Jutta Friedrich
Gesamtgestaltung: independent Medien-Design, München
Umschlaggestaltung: ki36 Editorial Design, Sabine Krohberger, München
Herstellung: Renate Hutt
Satz: Eberl & Kœsel Studio GmbH, Krugzell
Reproduktion: Medienprinzen GmbH, München
Druck und Bindung: Firmengruppe APPL, aprinta Druck, Wemding
Printed in Germany

DER AUTOR

Nico Stanitzok ist diätetisch geschulter Koch, Kochbuchautor und Blogger. Er liebt unkomplizierte Rezepte, besonders, wenn sie obendrein noch gesund und lecker sind. Mehr von ihm unter www.nicostanitzok.de.

DIE FOTOGRAFIN

Katrin Winner fand ihre berufliche Erfüllung, indem sie ihre Leidenschaft für gutes Essen mit ihrer künstlerischen Kreativität verband. Seit 2018 betreibt sie ihr eigenes Atelier für Food- und Still-Life-Fotografie in München. An diesem Buch wird sie tatkräftig von Sven Dittmann (Foodstyling) unterstützt.
www.katrinwinner.de

Bildnachweis:
Katrin Winner: S. 06-59 und Stepfotos auf den Klappen
Coco Lang: S. 01, 05 und Stilleben auf den Klappen
Kathrin Koschitzki: Cover
Autorenfoto: privat

Umwelthinweis:
Nachhaltigkeit ist uns sehr wichtig. Der Rohstoff Papier ist in der Buchproduktion hierfür von entscheidender Bedeutung. Daher ist dieses Buch auf PEFC-zertifiziertem Papier gedruckt. PEFC garantiert, dass ökologische, soziale und ökonomische Aspekte in der Verarbeitungskette unabhängig überwacht werden und lückenlos nachvollziehbar sind.

Syndication:
www.imageprofessionals.com

GRÄFE UND UNZER

Ein Unternehmen der
GANSKE VERLAGSGRUPPE

DIE »GU KOCHEN PLUS«-APP

1 APP HERUNTERLADEN

Laden Sie die kostenlose »GU Kochen Plus«-App im Apple App Store oder im Google Play Store auf Ihr Smartphone. Starten Sie die App und wählen Sie Ihren Küchenratgeber aus.

2 REZEPTBILD SCANNEN

Scannen Sie das gewünschte Rezeptbild mit der Kamera Ihres Smartphones. Klicken Sie im Display die Funktion Ihrer Wahl.

3 FUNKTIONEN NUTZEN

Sammeln Sie Ihre Lieblingsrezepte. Speichern und verschicken Sie Ihre Einkaufslisten. Oder nutzen Sie den praktischen Supermarkt-Finder und den Rezept-Planer.